AF357012

A QUELQUE CHOSE

MALHEUR

EST BON.

COMÉDIE-PROVERBE.

*Par M. DE LA R***, ancien Capitaine d'Infanterie au Service de France.*

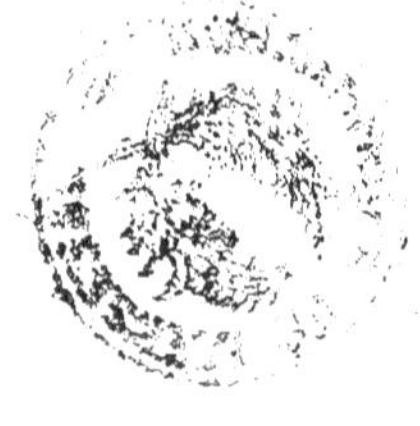

A LIEGE,

Chez J. J. TUTOT, Imprimeur-Libraire, près Saint-Hubert.

ET A PARIS,

Chez VALADE, Imprimeur-Libraire, rue des Noyers, vis-à-vis Saint-Yves.

M. DCC. LXXX.

L'HEUREUSE RENCONTRE.

PROLOGUE.

Le Théatre repréfente une forêt ; on voit fur le devant quelques gros tronçons d'arbres, ou une éminence de gazon fur laquelle on puiffe s'affeoir : le refte eft au choix du Décorateur.

ACTEURS.

LA RIME, *Poëte.*

SANS-CHAGRIN, *Militaire retiré du Service.*

SCENE PREMIERE.

LA RIME, *mis felon le coftume des Poëtes peu riches : un habit noir complet, un peu fec ; une épée de deuil , &c. quelques rouleaux de papiers fortent de fes poches.*

JE dois être prêt de B***!
Cette forêt eft.... je crois, éternelle ;
Elle ne finit point : j'avance.... lentement !
    Mais repofons-nous un moment,
Quitte à recommencer à marcher de plus belle.

  (Il s'affeoit & pofe à côté de lui un petit paquet couvert de toile cirée, qu'il porte fous le bras.)

Ouff... je fuis las... mais las... complettement.
Par ma foi, n'en déplaife à la philofophie,
Il n'eft que d'être riche ; au diable les talens.
L'argent fait feul le bonheur de la vie :
    Par lui la laide 'eft embellie,
Et l'être le plus fot acquiert mille agrémens !....
    Par-tout on vante l'opulence,
    Et les imbéciles mortels,

(4)

Dans leur aveugle démence,
Lui dreſſent par-tout des autels !...

(*Avec enthouſiaſme, & ſe préparant à continuer ſa*
route.)

Morbleu !... je veux venger l'humble & triſte indigence;
Je veux dans des vers immortels ?...
Bon !... je ſerai ſifflé... mais ſifflé d'importance !...
Il vaut bien mieux me taire .... & prendre patience.

(*Sans-Chagrin paroît.*)

SCENE II.

LA RIME, SANS-CHAGRIN.

SANS-CHAGRIN. *Il arrive ſur la Scene en ache-*
vant ſon couplet. Il eſt vêtu d'un uniforme de Dra-
gons un peu ſec ; guétré , un petit havreſac ſur le
dos , un violon en ſautoir , & une paire de fleurets
ſous le bras gauche : une pipe dans le retrouſſé du
chapeau , &c.

A I R : Paris eſt au Roi , &c.

L'*Amour & le vin ,*
Reglent mon deſtin ;
Jamais de mon réduit
N'approche l'ennui ,
Je me crois , ma foi ,
Plus heureux qu'un Roi.
Nargue de tout plaiſir ,
Qui coûte un ſoupir.

(*Avec franchiſe , & militairement.*)

Bon jour, mon camarade, allons de compagnie,
Nous raccourcirons le chemin :
La ſolitude & m'attriſte & m'ennuie.
Ne craignez rien , au moins !... oh, je vous notifie
Qu'il n'eſt ſous le ſoleil un plus honnête humain
Que celui qui vous parle. --- Et ſoyez-en certain.

(*A part.*)

Touchez donc là, l'ami... Parbleu , ſa reſſemblance
Me frappe !...

LA RIME, *à part.*
Il fait aiſément connoiſſance !....

(5)

SANS-CHAGRIN.

Sans façon, votre nom ?

LA RIME.

Mon nom ?

SANS-CHAGRIN.

Parbleu, le mien,
Pour commencer, fut toujours Sans-Chagrin.

LA RIME.

Quoi !… Sans-Chagrin !… ô par la double cîme,
Par Apollon !… quel plus heureux deftin !…
Embraffe donc ton ami de la Rime.
Je ne te reconnoiffois pas !
Dix ans fur ta figure, ont fait bien du fracas !…
Mes traits également, font altérés, je penfe ?…

SANS-CHAGRIN.

Affez pour avoir peine à te nommer d'abord.
Mais fans tarder, dis-moi, quel eft ton fort ?
Si j'en jugeois fur l'apparence,
Tu ne me fembles point un bien riche Mylord ?

LA RIME.

Mon vieil ami, tu n'as pas tort.
(*D'un ton de confiance & de dignité.*)
En moi, tu vois un phénix d'éloquence,
Un Bel-efprit, dont le favoir immenfe
N'offre nul part fon égal ;
Qui par fon afcendant fatal,
(*Ceci foit dit en confidence,*)
Voyage à pied.…

SANS-CHAGRIN, *gaiement.*

J'entends ; faute d'un bon cheval,
(*Sur le même ton de la Rime*
fiérement, militairement.)
N'eft-il pas vrai ?… Ma foi, je t'offre la pareille,
Ainfi que toi, je fuis… je fuis une merveille !
J'ai fervi ma patrie, en brave homme, en héros.
Sieges, affauts, combats.… de mes brillans travaux
Rien ne peut furpaffer la gloire !.…
Mais laffé d'égaler Alexandre & Céfar,
Et voulant conferver mon nom mieux que l'hiftoire,
J'ai quitté le fervice, ainfi que tu peux croire,

* 3

Comblé d'honneurs; mais très-peu riche, car
Mars & Plutus, tous deux ne cadrent guere.

LA RIME.

Te voilà donc ton maître maintenant?

SANS-CHAGRIN.

Oui, je parcours aujourd'hui l'hémisphere
Incognito.... comme toi lestement,
Sans train, sans faste, à pied, tout uniment.
J'ai plus d'un talent nécessaire,
Et je m'en sers utilement
Quand la fortune au jeu m'est cruelle & contraire.
D'abord, qui mieux que moi montre plus proprement
(Il s'escrime & porte plusieurs
bottes à La Rime.)
A vous trousser son homme?.... Ah...ah...ah...

LA RIME.

Doucement;
Tu m'as touché, l'ami, trop rudement!...

SANS-CHAGRIN.

Vois cette quarte... & cette feinte en tierce?...

LA RIME.

Elle est très-belle, assurément.

SANS-CHAGRIN.

Ce n'est pas le seul art dans lequel je m'exerce!
Je puis être à la fois tout ce que l'on voudra:
Peintre, Musicien, Danseur......

LA RIME, *gravement.*

Et cetera.
Distinguons-nous par notre modestie,
Et ne montrons qu'une partie
Des lauriers immortels qui ceignent notre front;
Les siecles avenirs, sans doute, en parleront

SANS-CHAGRIN.

Oui; mais en attendant, mon très-cher, il faut vivre;
Notre gloire future est très-belle, d'accord:
Cependant, conviens-en; quel plus pauvre trésor,
Que l'espérance, ami, dont ton ame s'enivre!....
J'imagine un projet, je t'engage à le suivre;
En deux mots, voici mon dessein.

Affocions notre fortune ;
Peut-être qu'à nous deux nous en pourrons faire une ;
Une brillante : eh, que fait-on, enfin,
Ce que fera pour nous l'inconftante femelle ?
Notre rencontre, ami, me rengage près d'elle :
Qu'en penfes-tu ? moi, j'en augure bien.
As-tu, comme autrefois, un ample magafin
De Drames, d'Opéras. ... d'heureufes bagatelles ?

LA RIME.

Oui, fans aller plus loin,
Je puis. ... (en aurois-tu befoin ?)
T'en fournir dix des plus nouvelles ;
En profe, en vers. ... de toutes les couleurs.

SANS-CHAGRIN.

Eh bien, je t'offre des Acteurs.
Ils ont peu de talents, mais leur zele eft extrême,
Et je te réponds d'eux, autant que de moi-même.

LA RIME.

Mais, me répondras-tu, dis-moi, des Spectateurs ?

SANS-CHAGRIN.

Pourrois-tu craindre la critique ?
Lorfqu'elle eft fage, on doit la refpecter,
Et prudemment en profiter.
Eft-elle injufte ? on y replique ;
Ou plutôt le fuccès, par fon pouvoir magique,
Nous venge fans doute encor mieux
Des méchancetés de l'envieux.
Au refte, ne crains rien ; je te réponds d'avance
De la plus complette indulgence.

LA RIME.

Ceffons donc, mon ami, tout difcours fuperflus ;
Hâtons-nous d'arriver, ne nous arrêtons plus.
Vois là-bas ce nuage
Qui s'avance infenfiblement ! ....
Il peut nous apporter un affez bel orage ;
Crois-moi, fans plus long compliment,
Partons, plions bagage.
Je brûle d'éprouver le fort de mes talens,
De mes écrits, de mes ouvrages ;
Tu m'as promis quelques fuffrages. ...
Viens, nous partagerons les fifflets. ... ou l'encens.

PERSONNAGES.

LE COMMANDEUR, *Oncle d'Emilie.*

EMILIE D'ORVAL, *Amante du Marquis.*

Le Marquis DE FRANCOURT, *Amant d'Emilie.*

FINETTE, *Suivante d'Emilie.*

LAFLEUR, *Valet du Marquis.*

La Scene se passe à l'entrée du Parc du Château de M. le Commandeur, à quelques lieues de Nantes.

A QUELQUE CHOSE MALHEUR EST BON.

COMÉDIE-PROVERBE.

SCENE PREMIERE. (*)

LE MARQUIS, LAFLEUR.

LAFLEUR.

MAIS, Monfieur le Marquis, vos derniers ordres, s'il vous plaît ?

LE MARQUIS.

Faut-il te le répéter vingt fois ?... je refte ; je refte ici, te dis-je.

LAFLEUR.

(*A part.*) Bon, bon.... (*Haut.*) Comment !. je ne vous conçois pas. Vous partez de Paris

---

(*) *Le Théatre repréfente l'entrée d'un Parc ; on voit dans l'enfoncement une grille qui paroît clore l'enceinte d'un vafte Jardin : on apperçoit fur la gauche une partie des bâtimens du Château ; la droite doit offrir quelques Maifons villageoifes.*

avec tout l'enthoufiafme d'un homme qui va faire à Nantes un riche mariage, qui vous eſt ménagé depuis ſix mois par M. votre Pere ; dix chevaux de poſte que nous crevons en route, ne vous portent pas encore ſelon vous avec aſſez de diligence !.... Votre chaiſe ſe briſe hier matin à l'entrée de ce parc. Vous donnez d'abord le chemin, la voiture, le poſtillon, & même votre ſerviteur à tous les diables : enfin, j'emploie tout le Village pour réparer notre déſaſtre; nous touchons à une journée près le terme de notre voyage ; nous pouvons partir.... & vous ne partez pas !.... Daignez au moins m'en dire la cauſe.

LE MARQUIS.

Ah, mon cher Lafleur, c'en eſt fait, la tête me tourne; je ſuis le plus amoureux & le plus à plaindre des hommes.

LAFLEUR.

Pour amoureux, vous êtes d'âge & de figure à l'être ; mais pour à plaindre.... oh diſpenſez-moi d'en rien croire : eh, quoi diable vous manque-t-il ? Naiſſance, dignité, richeſſes.... que voulez-vous de plus !.... pour comble, vous allez épouſer l'une des plus riches & des plus jolies perſonnes de la Bretagne !....

LE MARQUIS.

Arrête ; ne m'entretiens plus de ce projet, je le déteſte, je l'abhore. Ah, ma belle inconnue d'hier occupe & regne ſeule dans mon cœur : va, je ſens bien que je ne puis plus aimer qu'elle.

LAFLEUR.

(*A part.*) A merveille.... (*Haut.*) Eh, quoi, une ou deux heures au plus d'entretien que vous avez eu avec elle, là...., réellement, Monſieur le Marquis, vous ont affez fubjugué pour vous empêcher de vous remettre en route ? Mais que favez-vous fi la beauté, fi les graces de l'époufe qui vous attend à Nantes, ne furpaffent point celles de votre inconnue ?

LE MARQUIS.

Je l'ignore fans doute, puifque je ne l'ai jamais vue : mon Pere ne ceffe, il eft vrai, de m'en faire dans toutes fes lettres le plus heureux portrait du monde : mais Meffieurs les Peres ne voient pas toujours avec les mêmes yeux que leurs fils !... Enfin, fût-elle un prodige, une divinité, j'y renonce pour toujours, te dis-je, & ne m'en parle plus : dis-moi plutôt quels renfeignemens tu peux me donner fur mon adorable ; que t'en a-t-on dit ; qu'en as-tu appris ?

LAFLEUR.

Très-peu de chofes, Monfieur.

LE MARQUIS.

Mais encore ?

LAFLEUR.

Prefque rien.

LE MARQUIS.

Sais-tu que je perds patience.

LAFLEUR.

D'abord, elle fe nomme Emilie.

LE MARQUIS.

Emilie ? dis-tu !

LAFLEUR.

Oui, Monfieur ; pourquoi donc ce nom vous étonneroit-il ?

LE MARQUIS.

Acheve ; je brûle d'impatience d'apprendre le reste.

LAFLEUR.

Le reste ne sera pas long. On la dit niece d'un certain Commandeur de Malte très-riche (dont on ne m'a pu dire le nom) qui vient d'acquérir depuis très-peu de tems, ce magnifique château que vous appercevez à deux pas d'ici, & dont le parc est une dépendance.

LE MARQUIS.

Je n'y suis plus !... De quel bonheur allois-je me flatter !... Poursuis.

LAFLEUR.

C'est d'ailleurs la premiere fois que M. le Commandeur & sa niece viennent occuper cette belle demeure : on m'a ajouté qu'elle alloit se marier sous fort peu de jours, & qu'on attendoit au château d'une minute à l'autre son pere & celui qu'elle doit épouser.... Tout en effet se prépare pour sa nôce : je vous jure que la fête sera des plus complettes.

LE MARQUIS.

Que je suis malheureux !... Quel moyen imaginerai-je pour l'entretenir une seconde fois ?

LAFLEUR.

C'est, par ma foi, votre belle & bonne faute : pourquoi refulâtes-vous hier l'hospitalité que M. le Commandeur vous fit offrir au moment de notre accident !.... j'enrageois tout vif de ne vous point voir profiter d'une disposition si favorable.... D'abord, vous & moi nous aurions fait meilleure chere, & par l'événement, nous

ferions peut-être plus heureux.…. Je dis nous ,
Monsieur ; car (ce que c'est que la force de
l'exemple !) le même ascendant qui vous en-
chaîne ici sous les loix de votre belle Emilie ,
m'asservit , moi, sous celles de Finette , son incomparable Suivante !... Par ma foi, Monsieur ,
c'est la perle des Soubrettes nées , existantes &
à naître.

LE MARQUIS.

Et cette si belle perle, que t'a-t-elle dit ?

LAFLEUR.

Pas un seul mot encore , Monsieur ; cependant
si je puis la joindre seulement quelques minutes ,
je tiens pour certain sa conquête : nous ne nous
parlons encore que par signes ; mais la charmante
fripponne m'entend.... & très-bien , je vous
jure. (*Après une courte pause.*) Il me vient une
idée : votre divinité (& la mienne) se prome-
nent habituellement ici !.... Attendons-les de
pied ferme. Cependant , avant tout , quel est
votre dessein ? Emilie vous auroit-elle donné
quelqu'espérance ?

LE MARQUIS.

Aucune. Ebloui de ses charmes , enchanté de
sa douceur , de son esprit ; mon ame toute en-
tiere au bonheur dont sa présence m'enivroit ,
n'a pu me suggérer d'autre sentiment que celui
de l'admiration & de l'amour le plus tendre. Il
m'a paru seulement avoir fait une sorte d'im-
pression sur son cœur ; j'ai même cru lire dans
les yeux que je ne lui étois pas indifférent ; mais…
mais , voilà tout.

LAFLEUR.

Peste ! ce voilà tout , me semble quelque chose

à moi !... Et fambleu , que vouliez-vous donc
en fi peu de tems obtenir de plus ?

LE MARQUIS.

Rien , que ce que fa vertu pouvoit lui per-
mettre de m'apprendre : favoir , fi fon cœur étoit
libre ; fi je pouvois efpérer : mais inutilement
ai-je mis tout en œuvre pour y parvenir. Ecou-
tes ; voici une lettre pour elle : tâche de la lui
remettre , & reviens auffi-tôt m'informer de ce
que tu auras pu faire ; fonges qu'il n'eft (fi tu
réuffis) aucune récompenfe que tu ne puiffes
attendre de moi.

LAFLEUR.

Comptez fur mon zele , Monfieur le Marquis ;
mes talens vous font connus , & j'ai fait , ce me
femble , mes preuves.

(Le Marquis fort.)

SCENE II.

LAFLEUR.

ALLONS quêtons donc l'inftant où nos Déeffes
pourront paroître. Quelle extravagance cependant !... Ne devrois-je pas être plus raifonna-
ble que mon Maître ?... Raifon , fageffe , philofophie , vous vous taifez toujours , vous êtes
toujours impuiffantes contre les charmes irréfif-
tibles de l'amour !... Mais la porte du jardin
s'ouvre. (Il feint d'appercevoir Emilie & Finette , &c. mais elles ne doivent paroître qu'au
moment que Lafleur quitte la Scene.) Seroisce
ce ?... Oui ... oui, ce font-elles. Ah , le diable s'en mêle ; M. le Commandeur les accom-

pagne.... il vient se promener bien à contre-
tems ! Eloignons-nous ; attendons à l'écart un
moment plus favorable pour paroître.

SCENE III.

LE COMMANDEUR, EMILIE, FINETTE.

LE COMMANDEUR, *à Emilie.*

NON, ma chere niece, je ne suis point du
tout content de vous. J'avois autrefois votre
confiance ; pourquoi ne la mérité-je plus ? Vous
me cachez quelque peine secrete, & votre ré-
ticence à mon égard , m'afflige d'autant plus
sensiblement, que vous ne pouvez douter avec
quelle ardeur je souhaite votre félicité.

EMILIE.

Ah , Monsieur, vous offensez mon cœur ; jamais il n'a été pour vous plus rempli de véné-
ration & de reconnoissance.

LE COMMANDEUR.

Tu ne me dois rien, ou peu de chose , ma
chere Emilie ; en faisant pour t'établir les petits
avantages dont je viens de t'entretenir, & que
tu prises trop fort, je satisfais mon cœur, que
tes vertus & les liens du sang remplissent pour
toi de la plus pure, de la plus vive tendresse.
Mais pourquoi si prête de te marier, annonces-
tu, si visiblement, une mélancolie qui t'est si
peu naturelle ? L'époux que nous te destinons,
ton pere & moi, auroit-il le malheur de te dé-
plaire ? Je ne le connois point ; mais pourrois-

tu foupçonner mon frere d'avoir flatté le portrait qu'il nous en a fi fouvent fait à tous deux depuis qu'il eft queftion de ton mariage ?.... ou plutôt ton cœur feroit-il prévenu pour quelque autre ?... Parles-moi vrai, ma chere Emilie: tiens, je foufcris d'avance à ton choix; perfuadé que je fuis que ta prudence n'en fauroit faire un, que tu ne puiffes nommer fans rougir.

EMILIE, *avec émotion, avec fentiment.*

Ah, Monfieur, vos volontés, celles de mon pere, font pour moi des loix que je refpecterai toujours.... vos nouvelles bontés me pénetrent.

LE COMMANDEUR.

Raffure-toi, ma chere niece; mais enfin que je fache le parti que tu veux prendre: nous avons devancé ici ton pere, & tu n'ignores pas qu'il ne fauroit tarder de nous venir joindre! vois la lettre que je reçois de lui dans l'inftant.

(Il lit.) » *Nantes, le 17, &. J'ai des nou-* » *velles certaines, mon frere, du départ de notre* » *jeune Colonel; il n'a différé de fe rendre près* » *de nous, que parce qu'il n'a pu en obtenir plu-* » *tôt la permiffion: je l'attends ce foir, ou de-* » *main fans faute, & fur le champ nous nous ren-* » *drons l'un & l'autre auprès de vous & de ma* » *fille.... &c.*

Tu le vois, le tems ne peut jamais nous être plus précieux. Je rentre préparer ma réponfe à ton pere; médite fur la tienne.... & viens me l'apprendre; je l'attends.

(*Le Commandeur fort.*)

SCENE IV.

EMILIE, FINETTE.

EMILIE.

QUEL embarras !.... que faire, que dire, qu'écrirai-je à mon pere ?... Ah !...

FINETTE.

Ma foi, Mademoiselle, votre incertitude me fait pitié !... Chérie, comme vous l'êtes, de M. le Commandeur, je lui avouerois moi tout naturellement mon éloignement pour le Marquis, & j'attendrois le reste du tems & des circonstances.

EMILIE.

Tu n'y penses point Finette : quel motif honnête puis-je alléguer contre un projet formé depuis long-tems par mon pere, & auquel j'ai paru consentir librement dans toutes les formes ?

FINETTE.

Moi, je prétexterois.....

ÉMILIE.

Quoi ?

FINETTE.

Par exemple, des doutes, des soupçons, des craintes sur le fond du caractere & des mœurs du Marquis. Il habite Paris ; donc qu'il doit être inconséquent, léger, petit-maître.....

EMILIE.

Ah, je ne puis douter qu'il ne se justifie bientôt fur tous ces points : n'entends-tu pas de toute part faire fon éloge ?

FINETTE.

Eh bien , Mademoifelle , rabattons-nous fur fon exterieur , fur fa figure.... Tenez je gagerois.... oui, je gagerois qu'elle eft très-commune !... Ce motif n'eft il donc pas d'un poids affez grave pour nous décider ?

EMILIE.

Tu te trompes encore : tout le monde me confirme à cet égard le portrait que mon pere m'en a fi fouvent fait en ta préfence.

FINETTE.

Oh , Mademoifelle , imaginez donc vous-même , je ne fais plus que vous dire : en ce cas, oublions donc notre finguliere rencontre d'hier.

EMILIE.

. Oui, la raifon, la prudence ... tout m'en impofe la loi ; tout condamne le penchant que je fens fe former dans mon ame.... Va, je rougis de ma foibleffe, & je faurai la réparer.
(*Lafleur paroît dans le fond du Théatre.*)

SCENE V.

EMILIE, FINETTE, LAFLEUR.

LAFLEUR, *à part.*

Bon, les voici feules ; approchons.

FINETTE.

Ainfi vous allez donc répondre à votre pere d'après cette derniere réfolution ?

EMILIE.

Je ne fais , Finette, quelle puiſſance combat dans mon cœur une réſolution ſi néceſſaire à ma gloire & ſi déciſive pour mon bonheur ! Allons, c'en eſt fait.... rentrons ; n'y penſons plus. Viens , ſuis-moi.

LAFLEUR *touſſe par affectation pour s'annoncer.*

Hem.... hem.... hem.

EMILIE.

Que te veux ce Domeſtique , Finette ; vois ce que ce peut être. --- (*A part*) La fatale rencontre ! Quelle révolution opere-t-elle dans mon cœur !....

FINETTE, *en revenant ſur le bord de la Scene.*

C'eſt à vous , Mademoiſelle, que s'adreſſe ſon meſſage.

LAFLEUR.

Oui , Mademoiſelle : pardon, ſi je trouble votre ſolitude , mais j'ai ordre de vous ſupplier de prendre cette lettre.

EMILIE.

De quelle part me vient-elle, mon ami ? je n'en reçois aucune ſans en être inſtruite.

LAFLEUR.

Mademoiſelle , elle vient.... elle vient de mon Maître , l'un des plus riches & des plus qualifiés Seigneurs de la Cour : prenez la peine de l'ouvrir , vous verrez.

EMILIE.

Seroit-elle de celui dont la voiture ?...

LAFLEUR.

Juſtement, Mademoiſelle ; & voici de ſa proſe

ou de fes vers ; car l'un ne lui coûte pas plus
que l'autre.

EMILIE.

Je devrois n'en rien faire. ---- (*A part.*) Mais
que mal fais-je, après tout ?.... Je ne fais....
jamais je n'ai été plus tremblante....

(Emilie lit fa lettre.)

FINETLE, *à part.*

Et, je le gagerois, plus curieufe.

LAFLEUR, *à Finette à part.*

Eh bien, bel aftre de mon cœur ; je puis donc
de vive voix vous avouer votre triomphe & ma
défaite ? Tous les feux de l'Ethna ne font que
froides étincelles près de la fournaife que vos
charmes ont allumée dans mon cœur.... Avouez
que vous vous fentez difpofée à m'aimer de même : nous abrégerons le cérémonial, & notre
Roman fera plus de la moitié fait.

(Il veut embraffer Finette.)

FINETTE, *à Lafleur, à part.*

Vous êtes preffant. --- (*A Emilie.*) Mademoifelle ; j'entends Monfieur le Commandeur.

LAFLEUR, *à Finette.*

Au revoir, ma fouveraine. (*A part.*) Ma
miffion n'eft faite qu'à moitié, mais décampons.

(Le Commandeur paroît.)

SCENE VI.

EMILIE, FINETTE, LE COM-MANDEUR.

EMILIE, *à part.*

CACHONS-LUI mon imprudence, & qu'elle ne forte point de mon cœur. (*Emilie ferme avec précipitation fa lettre : elle devra la mettre mal-adroitement dans fa poche , enforte qu'elle tombe à terre, fans qu'elle puiffe s'en appercevoir.*)

LE COMMANDEUR, *à Emilie.*

Je te croyois fur mes pas , ma niece ?..... Tiens voici la clef du petit belvedere ici-contre ; je viens d'y porter ma lettre..... va la finir ; le refte te regarde. (*Emilie & Finette fortent.*)

SCENE VII.

LE COMMANDEUR.

SON cœur n'eft point du tout libre..... Je n'en faurois douter !.... Depuis vingt-quatre heures feulement elle eft méconnoiffable ?..... Toutes les recherches que je fais pour en ap-prendre la caufe, ne peuvent m'en inftruire !.... L'époux que nous lui deftinions lui déplaît à coup-fûr !.... Mais qui pourroit donc avoir pu lui plaire ? Je ne lui vois point accorder de pré-férence fenfible à perfonne !.... Serois-ce ?.... Bon, je fuis fou.... quelle idée !.... Une con-

verfation d'une heure fuffiroit-elle !.... Parbleu,
je ne m'en étonnerois guere.... il faut fouvent
fi peu de chofe pour tourner la tête d'une jeune
perfonne !.... Ce paffant eft bien fait !.... il
annonce du génie, un grand ufage du monde !....
Après tout, fa voiture eft, dit-on, réparée; il
va fans doute continuer fa route.... (*En ra-*
maffant la lettre qu'Emilie vient de recevoir, &
qu'elle a laiffé tomber.) Mais ce papier fortiroit-
il de ma poche ?... Voyons (*Il lit la fufcription*
de la lettre.) » *A MA BELLE INCONNUE.* «—
L'adreffe eft plaifante ; elle promet : lifons. (*En*
l'ouvrant.) Elle eft ma foi très - fraîchement
écrite.   (*Il lit.*)

>> *L'amour* (je m'en doutois bien) *le plus vif, le*
        plus tendre,
>> *Pour jamais vous engage & mon cœur & ma foi;*
    >> *Je veux mourir fous votre loi,*
>> *Recevez mes fermens, & daignez les entendre.*
        >> *Combien me trouverois-je heureux,*
>> *Si ma bouche un inftant pouvoit vous apprendre*
        >> *Toute la candeur de mes feux !...*
>> *Je dépofe à vos pieds ma fortune & ma vie :*
>> *Ah, fi vous agréez mon hommage & mes vœux.*
    >> *Je n'ai plus rien à demander aux Dieux ;*
>> *Mon fort feroit alors le plus digne d'envie.*

(*Après une légere paufe.*) J'y fuis, parbleu
j'y fuis : la belle Inconnue eft certainement
ma niece !... Le Poëte ?... Oh, j'ai le doigt def-
fus... voilà mon homme.... Mais plus j'exa-
mine ce caractere, & plus je crois le recon-
noître !... (*Il rit.*) Ah, ah, ah... rien, au
monde ne feroit plus plaifant : courons m'en
éclaircir, avant de la rendre à Emilie : je dois
en avoir de pareille dans mon cabinet !.... Non,
non, mes yeux ne me trompent point : vérifions.... vérifions. Ah, ah, ah....
(*Le Commandeur fort, & le Marquis & Lafleur*
    paroiffent.)

SCENE VIII.

LE MARQUIS, LAFLEUR.

LAFLEUR.

Il sort content : qui diable peut si bien le faire rire ?

LE MARQUIS.

Tu dis donc qu'Emilie a daigné recevoir & lire ma lettre ?

LAFLEUR.

Non pas tout-à-fait, Monsieur.

LE MARQUIS.

Comment ?

LAFLEUR.

Parce que M. le Commandeur a eu la mal-honnêteté de survenir alors, & que votre divinité n'a pas jugé à propos de l'admettre dans sa confidence : mais prenez-moi, Monsieur, pour le plus fieffé sot que le Ciel ait fait naître, si votre Belle ne sait pas maintenant votre dépêche par cœur.... Oh, les filles sur ce chapitre ont une si excellente mémoire !....

LE MARQUIS.

Que je suis impatient d'apprendre l'effet que ma lettre pourra faire sur son cœur ! .... Mais répete-moi bien tout ce qu'elle t'a dit ; n'en omet pas une demi-syllabe.

LAFLEUR.

Par ma foi, Monsieur, ma mémoire est très-

courte à moi ; & puis, lorsque je suis à jeûn,
tenez, je ne retiendrois pas le diable.

LE MARQUIS.

Finiras-tu ?

LAFLEUR.

*(Le jeu de Lafleur se devine ; il doit être une
imitation de celui de Sosie dans Amphitrion.)*

Eh bien, lorsqu'avec cette grace, avec cette
fleur de politesse, & cet air intelligent enfin que
vous me connoissez, je lui ai remis votre lettre.
*(Il feint ici de contrefaire le ton de voix d'Emi-
lie.)* » De quelle part me vient-elle, mon ami?
» Je n'en reçois aucune sans en être instruite.—
(Il reprend sa voix.) Mademoiselle, lui ai-je
dit, elle vient de mon Maître : (ici j'ai glissé
à dessein quelques mots d'éloge sur votre compte ;) & en la prenant .... » Je devrois n'en rien
» faire.... « Mais à bon compte, elle n'en a
pas mois brisé, & très-vivement, le cachet ;
ensuite.....

LE MARQUIS, *vivement.*

Paix, paix, je la vois paroître : ah, mon
cœur suffit à peine pour sentir tout le ravissement
que sa présence m'inspire.

LAFLEUR.

Monsieur, admirez donc son incomparable
Suivante.

LE MARQUIS.

Viens ; éloignons-nous de quelques pas.
*(Ils se retirent vers le fond du Théatre, sans
néanmoins quitter la Scene.)*

SCENE IX.

LE MARQUIS, LAFLEUR, EMILIE, FINETTE.

(Emilie & Finette arrivent lentement ; elles pa-
roissent chercher à terre avec quelque soin.)

EMILIE.

J'EN suis désespérée.

FINETTE.

Comment avez-vous pu perdre cette lettre ?

EMILIE.

Je l'ignore.

FINETTE.

Cherchons, nous n'avons pas tenu une autre
route.

EMILIE.

Puisse-t-elle n'être pas tombée entre les mains
de mon oncle !.... Ah, notre recherche sera
vaine ; retournons.

(Au moment qu'Emilie fait quelques pas pour
quitter la Scene, le Marquis se jette à sa ren-
contre & la retient. -- Lafleur peut imiter cette
scene, & former dans l'enfoncement du Théatre
une pantomime avec Finette, &c.

LE MARQUIS.

Demeurez, belle Emilie, demeurez de grace ;
laissez - moi vous jurer à vos pieds l'amour le
plus respectueux & le plus durable.

EMILIE.

Quoi, Monsieur, vous pouvez me surprendre ainsi ?..... Levez-vous, levez-vous, vous dis-je. Quelles peuvent être vos vues ; quel seroit votre espoir ?

LE MARQUIS.

Puis-je avoir des vues, Mademoiselle, qui ne soient dignes des sentimens vertueux que vous inspirez.... Mon espoir ?.... Hélas, je suis trop malheureux pour oser former celui de vous plaire. Mais si le sacrifice que je fais à vos charmes d'un établissement infiniment avantageux que j'allois faire ; si des mœurs irréprochables, une fortune peu commune, un rang assez distingué dans le monde.... Si, dis-je, ces foibles avantages ne sont pas trop au-dessous de vous, permettez-moi de vous les offrir,.. (*Avec dépit & en élevant sa voix.*) Mais vous ne m'écoutez point !... On m'a bien instruit, je le vois, lorsqu'on m'a dit que votre cœur ne devoit plus être libre, & que vous épousiez sous peu de jours....

SCENE DERNIERE.

LE MARQUIS, LAFLEUR, EMILIE, FINETTE, LE COMMANDEUR.

(*Le Commandeur doit paroître sur la Scene un peu avant le mot qui l'appelle. Le jeu doit être ici vif & sentimenté.*)

LE COMMANDEUR, *en arrivant, & du fond du Théatre, avec beaucoup de gaîté.*

Oui, sous très-peu de jours... Ah...ah...

LAFLEUR, *à part.*

Gare la bombe.... tout est perdu.

LE COMMANDEUR *au Marquis.*

Le Marquis de Francourt.

LE MARQUIS, *d'un ton très-ému.*

Le Marquis de Francourt ; Monsieur ? ... Mais il n'a donc point l'honneur de vous être connu ?

LE COMMANDEUR, *toujours vivement & avec gaîté.*

Peu de sa personne, mais bien ses vers ! .... (*En remettant à Emilie la lettre du Marquis.*) Tiens, ma niece, juges-en. (*A part au Marquis.*) Vous, Monsieur le Marquis, touchez-là, & voilà notre connoissance faite.

EMILIE, *à part à Finette.*

Ah, Finette, je le disois bien ; voici ma lettre !

LE MARQUIS.

Comment ! .... mais Monsieur. ....

LE COMMANDEUR, *à part.*

Leur embarras m'enchante ; mais c'est trop le faire durer. (*A Emilie.*) Eh bien, ferai-je passer à ton pere la lettre de refus du Marquis de Francourt ? ... N'en veux-tu décidement plus ?

Ensemble. {

EMILIE.

Ah, mon oncle !

LE MARQUIS.

Que vois-je ! Qu'entends-je ! ...

LE COMMANDEUR, *au Marquis.*

Rien de plus simple ; votre cœur ne vous le dit-il pas ? .... Ma niece est Emilie d'Orval, que vous alliez épouser à Nantes. ....

LE MARQUIS, *vivement , & baisant la main d'Emilie.*

O bonheur ! ô félicité suprême !....

LAFLEUR, *à part à Finette, & pendant que le Commandeur, Emilie & le Marquis s'entre‑tiennent.*

Parbleu , ceci s'arrange de la meilleure grace du monde !.... Que pense de l'aventure ma belle incomparable ?

FINETTE.

Mais, qu'elle est très‑heureuse pour ton Maî‑tre.

LAFLEUR.

Comment, ne le seroit‑elle que pour lui seul ? La belle Finette oseroit‑elle dédaigner mon homm‑mage ?

LE MARQUIS, *au Commandeur.*

Par quel enchantement le sort comble‑t‑il au‑jourd'hui tous mes vœux !....

LE COMMANDEUR.

Pour traiter plus à notre aise notre affaire, j'ai fait consentir mon frere de vous amener à ma nouvelle Campagne, (qui désormais va être la vôtre ;) j'avois pris l'avance avec ma niece, & nous vous attendions son pere & vous de‑puis deux jours .... l'accident de votre chaise vous évitera la peine d'une plus longue route. Je viens d'expédier à mon frere un courier ; je l'informe de votre aventure, & je le presse de se rendre auprès de nous : vous le verrez bien‑tôt paroître.

Convenez à présent de vos torts à mon égard, mon cher Marquis ; vous avez refusé (poliment à la vérité) mes services que je vous ai fait offrir au moment de votre petit défaftre... Si moins cérémonieux , vous eufliez accepté un appartement chez moi , nous en aurions plu-tôt fait conoiflance : mais aufli vous n'auriez pas eu l'occafion d'écrire (*malignement en s'a-dreffant à Emilie*) à votre belle Inconnue !... Allons, allons, ne me boude point, je ne t'en parlerai plus. --- (*A part au Marquis.*) Mar-quis , fi une autre fois votre chaife fe brife , croyez-moi, plus de façon.... & fur-tout ne vous prenez pas fi vîte de belle paflion pour une autre belle Inconnue.

L e M a r q u i s.

Ah, Monfieur, le Ciel m'infpiroit fans doute !... Non , divine Emilie , je ne ceflerai jamais de vous adorer.

L a f l e u r , *à part à Finette.*

Eh bien , ma Reine , l'exemple de ta Maî-trefle ne te fuffit-il pas pour te convertir ?.... tel Maître , tel Valet. Accepte ma main , & donne-moi la tienne ; tu n'auras nul fujet de t'en repentir : je fuis.... la meilleure pâte de diable que tu puiffes jamais choifir.

F i n e t t e.

Soit ; fi tu me trompes, je ne ferai pas im-punément la dupe.

L a f l e u r.

C'en eft donc fait, touche-là.

A u P u b l i c.

Ma foi, mon Maître eft plus heureux que fage ;
Son aventure ici, confirme un vieux dicton
    Un vieux Proverbe de Village ;
    A quelque chofe , malheur eft bon.

VAUDEVILLE. (*)

LE MARQUIS.

Quel heureux jour!... mon aimable Emilie!...
Non, mon bonheur furpaffe tous mes vœux :
Quel fort jamais, fut plus digne d'envie?
Il n'en eft point de plus délicieux.
  Tout, quand l'amour fe le propofe,
  Nous amene l'occafion ;
  Ah, je puis dire à jufte caufe,
    A quelque chofe,
    Malheur eft bon.

EMILIE.

Je refufois, faute de le connoître,
L'époux qu'amour, hélas me préparois!
Je fens mon cœur reprendre un nouvelle être ;
Mon cher Marquis, vous comblez mes fouhaits.
  Ah qu'on en jafe, qu'on en caufe,
  Qu'on me donne tort ou raifon....
  Je dirai toujours, & pour caufe,
    A quelque chofe,
    Malheur eft bon.

LE COMMANDEUR.

Dans mon printems, j'ai fait tout comme un autre ;
Nous devons tous nos beaux jours à l'amour :
Ce temps n'eft plus!... il fuit avec bien d'autre ;
Dès qu'il s'échape, hélas, c'eft fans retour!
  Mais on fe moque, on rit, on glofe,
  Des froides amours d'un barbon....
  Ce n'eft pas à tort qu'on en caufe,
    A quelque chofe,
    Malheur eft bon.

LAFLEUR.

La jeune Iris, au fond d'un verd boccage
Fut un beau jour furprife par Lucas!

(*) *Il peut fe chanter fur l'air du Vaudeville de Sancho Pança dans fon Ifle, Opéra-Bouffon.*

Elle d'abord, veux faire la fauvage,
Mais en fuyant, elle fait un faux pas!...
   Lucas pourfuit ---- mais bouche clofe,
   Taifons le refte, pour raifon!...
   Lucas, put dire à jufte caufe,
     A quelque chofe,
     Malheur eft bon.

F I N E T T E. (*Au Public.*)

Heureux, Meffieurs, heureux qui peut vous plaire
C'eft un bonheur où tendent tous nos vœux :
Si ce defir n'eft point trop téméraire,
Daignez fourire à nos timides jeux.
   Que l'indulgence vous difpofe,
   A répéter à l'uniffon;
  » On dit fouvent à jufte caufe,
     A quelque chofe,
     Malheur eft bon.

F I N.

www.ingramcontent.com/pod-product-compliance
Lightning Source LLC
LaVergne TN
LVHW021655170726
843501LV00007B/2581